Ilse Jung

Für kleine Hände
ERSTES PAPIERFALTEN

christophorus

PAPIERFALTEN FÜR KLEINE HÄNDE

Kinderhände sind von Geburt an in Bewegung. Sie wandern in den Mund, patschen aneinander, umklammern die Finger von Eltern und Geschwistern und greifen nach dem Spielzeug. Mit den Händen ziehen sich die Kleinen hoch, wenn sie eines Tages stehen wollen, und kritzeln mit Wachsstiften die ersten Bilder aufs Papier.

Diese Fingergeschicklichkeit wird beim Papierfalten unterstützt und gefördert. Den Kindern bieten sich hier weitere Möglichkeiten, die Umwelt zu entdecken und zu begreifen. Denn sie lernen Farben und Formen kennen und erweitern so schrittweise ihre Erfahrungswelt. Das Falten erfordert Genauigkeit und führt spielerisch zu Konzentration und Ausdauer.

Die einzelnen Faltungen in diesem Buch werden von einer kurzen Geschichte begleitet, die von der kleinen Fee und dem Zauberer handelt. Die Anregung dazu stammt von Ingrid Przybylla, die das Buch „Das kleine Quadrat – eine Geschichte zum Falten und Fabulieren“ geschrieben hat. Dieses Buch, das es leider nicht mehr gibt, hat seit den 80er-Jahren viele Kinder begeistert.

Viel Freude beim ersten Papierfalten wünscht

SO GEHT'S

Faltblätter

Quadratische Faltpapiere, auch Origami-Papier genannt, gibt es in großer Auswahl in Bastel- und Schreibwarengeschäften.
Gut geeignet ist das Format 20 x 20 cm, bei etwas Übung auch kleinere Blätter in der Größe 15 x 15 cm. Für die ersten Versuche können auch Quadrate aus Packpapier und Geschenkpapier oder aus bunten Katalog- oder Illustriertenseiten verwendet werden. Sie sollten genau zugeschnitten sein.

Arbeitstisch

An einem hellen Platz am Tisch in der richtigen Sitzhöhe können die Kinder bequem arbeiten.
Auf einer festen, glatten Unterlage, zum Beispiel auf der Papprückseite eines Malblocks, rutscht das Faltpapier weniger.
Wenn die Unterlage eine Kontrastfarbe zum Faltpapier hat, können die Kleinen die Begrenzungen des Papiers besser erkennen.

So geht's am besten

Zu Beginn sollten zunächst die einfachen Faltungen wiederholt werden, damit sich die Kinder mit ihnen vertraut machen können. Außerdem bauen die einzelnen Faltungen aufeinander auf. Und auch wenn nicht alles gleich gelingt: Lob ist ganz wichtig für die kleinen Künstler!

Die Kinder sollten mit beiden Händen möglichst genau falten. Zuerst wird das Papier Kante auf Kante gelegt. Die Faltkante wird dann mit einem Finger glatt gestrichen, zum Schluss wird der Knick verstärkt. Kleine Kinder haben noch Schwierigkeiten, dazu einen Fingernagel zu benutzen. Sie können ein Falzbein aus dem Bastelgeschäft, einen Eisstiel aus Holz oder ein kurzes Kunststofflineal, ca. 15 cm lang, verwenden.

Beim Festhalten des Papiers brauchen die Kleinen anfangs Hilfestellung, damit nichts verrutscht und die entstehende Faltung liegen bleibt. Am besten setzt man sich nebeneinander.

Die Formen Quadrat, Rechteck und Dreieck kommen häufig vor, ebenso die Angaben rechts und links. Sie sollten den Kindern während des Faltens erklärt werden.

Tipp

Alle Modelle eignen sich auch gut zum Spielen oder sie können ein kleines Geschenk, Wand- oder Raumschmuck werden.

KOPFTUCH

Die bunte oder gemusterte Seite des Papiers liegt unten.

Falte die untere Ecke genau auf die obere – fertig ist das Kopftuch.

Das kleine Quadrat schaute in den Spiegel und wurde sehr traurig. Es dachte: „Ich sehe so langweilig aus. Alle meine Seiten sind gleich. Wäre ich doch so wie mein Freund, das Rechteck, mit zwei verschieden langen Seiten oder wie meine Nachbarin, das Dreieck, mit drei Seiten und drei Spitzen.“ Da kam die kleine Fee vorbei und sagte: „Schau her, ich zeig dir was!“ Und – eins, zwei, drei – verwandelte sie das Quadrat in ein Dreieck.
„Wie praktisch“, sagte die kleine Fee, „jetzt habe ich ein warmes ***Kopftuch****. Damit kann ich mit meinem Freund, dem Zauberer, einen Bootsausflug zur alten Mühle machen.“*

BUCH

Die bunte oder gemusterte Seite des Papiers liegt unten.

Falte die untere Seite genau
auf die obere gerade Seite.
Drehe das Blatt und schon
hast du ein Buch.

*Die kleine Fee holte das große **Zauberbuch**.*

SCHRANK

Die gemusterte Seite des Papiers liegt unten. Zuerst faltest du die untere Seite genau auf die obere Seite und öffnest das Papier wieder.

Lege dann die untere und die obere Seite genau an den Knick in der Mitte.

Jetzt kannst du das Blatt drehen und den Schrank öffnen.

Das Zauberbuch lag in einem verschlossenen ***Schrank****, damit niemand die Zaubergeheimnisse darin lesen konnte.*

TASCHENTUCH

Zuerst legst du die obere Seite
genau auf die untere Seite,
wie du es bei dem Buch auf den
Seiten 8 und 9 gemacht hast.

Falte dann die kurzen Seiten nochmals aufeinander.

Weil die kleine Fee Schnupfen hatte, putzte sie sich erst einmal mit einem ***Taschentuch*** *kräftig die Nase.*

BRIEF

Die weiße Seite des Papiers liegt oben.
Falte zuerst ein Kopftuch.
Wie das geht, siehst du auf den Seiten 6 und 7.

Öffne das Kopftuch, falte es noch einmal zur anderen Seite und öffne es wieder.

Nun faltest du drei Ecken zur Mitte.

Dann knickst du die obere vierte Ecke des Briefumschlags nach unten.

*Die kleine Fee schrieb einen **Brief** an ihren Freund: „Lieber Zauberer, ich komme mit dem Boot und hole dich zu einem Ausflug ab. Wie segeln zur alten Mühle! Dort soll es einen Schatz geben, vielleicht finden wir ihn. Tschüss, deine Fee.“*

SEGELBOOT

Zuerst faltest du ein Kopftuch, wie es auf den Seiten 6 und 7 gezeigt wird. Die lange Seite zeigt nach rechts. Lege nun die untere Spitze auf die obere und öffne die Faltung wieder.

Lege dann die linke schräge Kante an den Knick in der Mitte, die untere Spitze zeigt jetzt nach rechts.

Nun knickst du die untere Bootsspitze nach hinten, so bekommt das Boot einen Boden.

*Am großen See stieg die kleine Fee in ein **Segelboot**. Der Wind blies kräftig und so kam sie schnell voran.*

UMHANG

Falte ein Kopftuch.
Auf den Seiten 6 und 7
kannst du sehen, wie das geht.
Die lange Seite zeigt nach oben.
Lege nun die linke Spitze auf die rechte
und öffne diese Faltung wieder.

Nun knickst du die rechte und linke obere Ecke schräg nach unten – fertig ist der Umhang.

*Im Boot fand die kleine Fee einen warmen **Umhang**, den sie sich fest um die Schultern legte.*

BECHER

Die gemusterte oder farbige Seite des Papiers liegt unten. Falte ein Kopftuch. Wie das geht, siehst du auf den Seiten 6 und 7. Die lange Seite liegt unten.

Lege nun die linke schräge Kante nach unten an die lange Seite und öffne die Faltung, wiederhole dies mit der rechten Seite.

Nun faltest du die rechte Spitze an den neuen Knick an der linken Kante.

Lege die linke Spitze genauso nach rechts.

Dann faltest du das vordere obere Dreieck nach unten, das andere Dreieck nach hinten.

*„Etwas Warmes zum Trinken wäre jetzt auch nicht schlecht", dachte die kleine Fee und trank aus einem **Becher** ihren Lieblingstee.*

BILD

Die gemusterte Seite des Papiers liegt unten. Falte ein Kopftuch, wie es auf den Seiten 6 und 7 gezeigt wird. Öffne es und falte es noch einmal zur anderen Seite. Lege alle vier Ecken zur Mitte und öffne das Papier wieder.

Nun knickst du die vier Ecken bis kurz vor den nächsten Knick.

Falte alle vier umgeknickten Seiten noch einmal.

Dann legst du alle vier Seiten nochmals nach innen, sodass alle Ecken zusammenpassen.

*Inzwischen hatte der Zauberer den Brief seiner Freundin bekommen. Er schaute das **Bild** der kleinen Fee an, das an der Wand hing, und freute sich auf den Ausflug.*

HAUS

Die farbige Seite des Papiers liegt unten.
Falte ein Taschentuch. Wie das geht,
siehst du auf den Seiten 12 und 13.
Klappe das Taschentuch einmal auf.

Die offenen Kanten liegen unten. Lege die beiden kurzen Seiten zum Mittelknick.

Nun knickst du von der oberen Mitte aus die Ecken nach rechts und links bis an die gerade Kante.

Öffne diese Faltungen wieder und stelle die rechte und linke Faltung etwas auf.

Halte das Blatt fest, drücke auf die Dachspitzen und falte sie flach auseinander.

Dann schloss der Zauberer alle Fenster und ging eilig aus dem ***Haus****.*

BANK

Die bunte Seite des Papiers liegt unten. Falte ein Haus. Wie das geht, siehst du auf den vorherigen Seiten.

Knicke das mittlere Rechteck an die obere Kante.

Lege die linke
und rechte Seite
zur Mitte.

Nun stellst du die Faltung
aufrecht und klappst das
mittlere Rechteck nach unten,
so entsteht die Sitzfläche.

*Auf einer **Bank** am Bootssteg wartete der Zauberer ungeduldig auf die kleine Fee. Schon bald sah er sie kommen. Er stieg zu ihr ins Boot und zusammen segelten sie weiter.*

FISCH

Zuerst faltest du ein Kopftuch, wie es auf den Seiten 6 und 7 gezeigt wird, öffnest es wieder und faltest nochmals ein Kopftuch zur anderen Seite.
Dann faltest du einen Schrank. Wie das geht, siehst du auf den Seiten 10 und 11. Öffne den Schrank und falte ihn noch einmal zur anderen Seite. Dann öffnest du das Blatt wieder.

Die bunte Seite des Papiers liegt oben. Falte nun alle Ecken zur Mitte und öffne dann drei Ecken und drehe das Blatt um.

Falte die beiden Kanten über der eingeklappten Ecke zur Mitte.

Die beiden rechten Seiten des Blattes drückst du so im Knick und zur Mitte des Blattes hin zusammen, dass die drei übrigen Ecken nach oben in die Luft zeigen.

Die beiden Seitenflossen faltest du nun nach rechts.

Die Schwanzflosse knickst du nach unten, faltest sie nochmals nach oben und drehst den Fisch um.

*Ein bunter **Fisch** schwamm fröhlich vor dem Boot her und die kleine Fee und der Zauberer folgten ihm.*

MÜHLE

Zuerst faltest du einen Schrank, wie es auf den Seiten 10 und 11 gezeigt wird. Öffne den Schrank und falte ihn noch einmal zur anderen Seite. Dann öffnest du das Blatt wieder.
Nun faltest du ein Kopftuch. Auf den Seiten 6 und 7 kannst du sehen, wie das geht. Öffne das Kopftuch wieder und falte es nochmals zur anderen Seite.
Falte alle vier Ecken zur Mitte und öffne das Blatt. Falte das Quadrat in der Mitte noch einmal gut nach und auch die kleinen Quadrate mit einer schrägen Linie in den vier Ecken. Drehe das Blatt um.

Nun drückst du alle vier Seiten in die Mitte des Blattes, sodass die Ecken hochstehen.

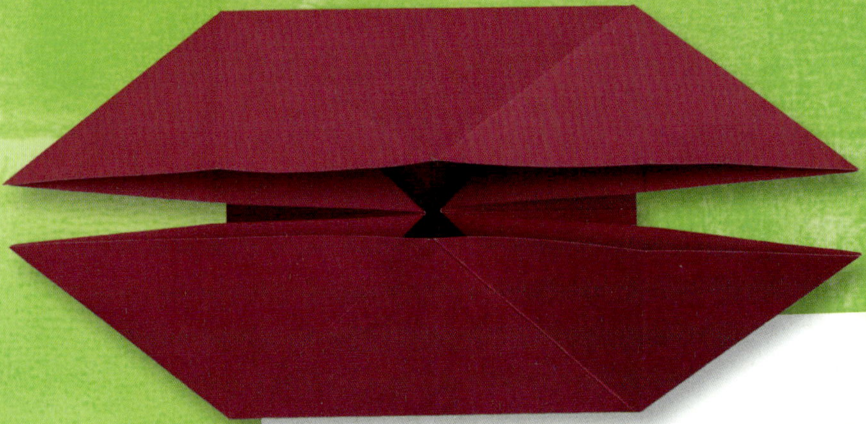

Lege die Ecken nach rechts und links flach hin.

Nimm die rechte untere Spitze und klappe sie nach unten.

Nimm die obere linke Spitze und klappe sie nach oben – fertig ist die Mühle.

Der Fisch führte die kleine Fee und den Zauberer direkt zum anderen Seeufer. Die beiden bedankten sich bei ihm und kletterten schnell aus dem Boot. Dann stapften sie den steilen Berg hinauf zur ***Mühle.***

VASE

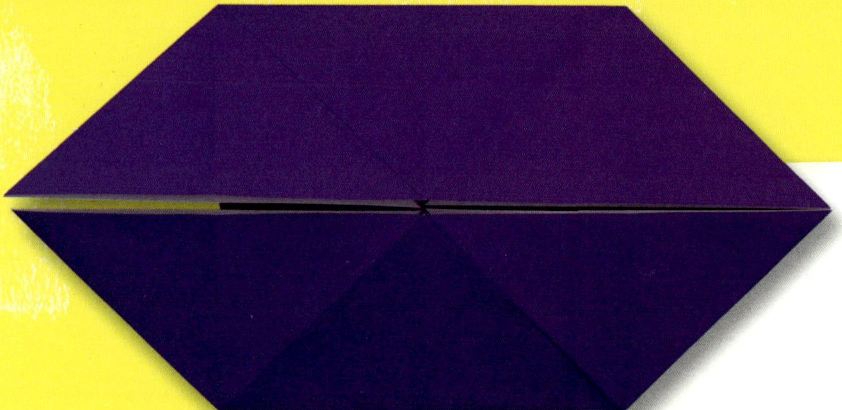

Für die Vase faltest du die ersten Schritte wie bei der Mühle auf den vorherigen Seiten und legst die Ecken flach nach rechts und links.

Drehe nun das Blatt um und lege das Papier schräg, sodass das Quadrat in der Mitte mit einer Spitze nach unten zeigt.

Halte das Papier unten fest und nimm es in die Hand. Falte ein Kopftuch von oben nach unten, dabei faltet sich der rechte obere Teil der Vase allein auf.

In der Mühle war es ziemlich finster. Trotzdem konnten die kleine Fee und der Zauberer in der Dunkelheit erkennen, dass auf einem kleinen Tischchen eine glänzende ***Vase*** *stand.*

SPIEGEL

Die gemusterte Seite des Papiers liegt unten.
Falte ein Kopftuch, wie es auf den Seiten 6 und 7 gezeigt wird, und öffne es.

Falte es noch einmal zur anderen Seite und öffne es wieder.

Nun knickst du alle vier Ecken zur Mitte.

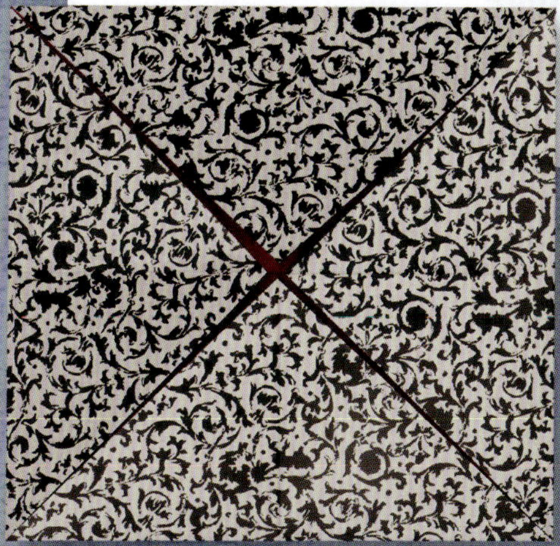

Klappe dann die Ecken von der Mitte nach außen bis zur gerade Seite.

In die Mitte kannst du ein Stück Alufolie legen – fertig ist der Spiegel.

In einer Ecke der Mühle fanden sie einen prächtigen ***Spiegel****.*

KRONE

Falte ein Kopftuch. Auf den Seiten 6 und 7 kannst du sehen, wie das geht. Öffne das Kopftuch, falte es noch einmal zur anderen Seite und öffne es wieder. Falte dann alle vier Ecken zur Mitte.

Drehe das Blatt um und falte nochmals alle vier Ecken zur Mitte.

Jetzt drehst du das Blatt erneut um und faltest ein Kopftuch, die lange Seite liegt unten.

Stelle das Dreieck auf und ziehe das linke und das rechte innen liegende Quadrat vorsichtig nach außen hoch.

Fertig ist die Krone!

Und neben dem Spiegel lag eine wunderschöne, wertvolle ***Krone****. Die kleine Fee und der Zauberer hatten den Schatz gefunden!*
Nun war das kleine Quadrat gar nicht mehr traurig, sondern ziemlich erschöpft und sehr stolz. Nie hätte es gedacht, dass so viel in ihm steckt.

IMPRESSUM

Fotos: Thorsten Vallender, Moers
Gestaltung der Seitenhintergründe: Ilse Jung, Duisburg
Gesamtgestaltung: GrafikwerkFreiburg
Reproduktion: Meyle + Müller GmbH & Co. KG, Pforzheim
Druck und Verarbeitung: Proost, Belgien

ISBN 978-3-8388-3523-5
Art.-Nr. CV3523

Kreativ-Service

Sie haben Fragen zu den Büchern und Materialien? Frau Erika Noll ist für Sie da und berät Sie rund um alle Kreativthemen. Rufen Sie an! Wir interessieren uns auch für Ihre eigenen Ideen und Anregungen. Sie erreichen Frau Noll per E-Mail: **mail@kreativ-service.info** oder Tel.: **+49 (0) 5052 / 91 18 58** Montag – Donnerstag: 9 – 17 Uhr / Freitag: 9 – 13 Uhr

Besuchen Sie uns im Internet: www.christophorus-verlag.de